AF253743

# ALLOCUTION DE M. LE BATONNIER

## ET

# ÉLOGE

## DE

# DURAND DE DISTROFF

### PAR

## M. Louis DE LOMAS, Avocat.

### OUVERTURE

DE LA CONFÉRENCE DES AVOCATS A LA COUR IMPÉRIALE DE METZ,

Du 21 Décembre 1868.

## METZ

TYPOGRAPHIE ET LITHOGRAPHIE DE NOUVIAN.

## 1869.

[illegible]

1840

LYON

[illegible]

LYON

# ALLOCUTION

PRONONCÉE

## PAR Mᵉ CAILLY

Bâtonnier de l'Ordre des Avocats

## A L'OUVERTURE DE LA CONFÉRENCE

Le 21 Décembre 1868.

## METZ

TYPOGRAPHIE ET LITHOGRAPHIE DE NOUVIAN.

1869.

# ALLOCUTION

## DE M. LE BATONNIER.

La première conférence de l'Ordre des Avocats à la Cour impériale de Metz, pour l'année judiciaire 1868-69, a eu lieu le lundi 21 décembre 1868. Un grand nombre de magistrats honoraient cette séance de leur présence ; M. Cailly, bâtonnier, l'a ouverte par l'allocution suivante :

Mes chers et jeunes confrères,

L'ouverture de nos Conférences en donnant à l'un de vous l'occasion de tracer le tableau des talents et des vertus qui ont illustré la vie de l'un de nos devanciers dans la carrière que vous allez embrasser, me laisse le soin de vous dire par quelles voies vous pouvez espérer un jour atteindre à l'honneur qui toujours a environné la mémoire de nos anciens maîtres, à la réputation que leur mérite leur a fait acquérir et à la gloire qui a couronné leurs vertus.

Mais pour vous tenir le langage que mériterait un pareil sujet, je devrais, je le sens, puiser mes leçons dans

une longue expérience, dans une pratique du barreau
éprouvée par de nombreuses années et comme un autre
Nestor blanchi dans les fatigues de la noble profession
que nous suivons tous, venir en quelque sorte en dépo-
sant des armes devenues trop pesantes pour mes forces
affaiblies, vous dire comment il faut employer ces armes
non pas dans votre propre intérêt mais dans celui des
clients dont vous allez devenir les patrons. Un jour si
l'avenir m'est réservé, je pourrai peut-être vous donner
ces leçons dictées par l'expérience, mais aujourd'hui
tout me le dit, elles seraient prématurées dans ma bou-
che, car je n'ai guère parcouru dans la carrière de nos
combats journaliers, qu'une course à peine égale à celle
fournie par la plupart d'entre vous : Je ne suis donc encore qu'un athlète qui doit garder et son ceste et son
faible savoir; je ne puis par conséquent me permettre de
donner des leçons quand chaque jour l'expérience vient
me dicter de nouveaux préceptes.

Pour remplir cependant la tâche honorable mais difficile que je dois à une bienveillance dont je ne cesserai
de conserver le précieux souvenir, le moyen le plus
simple, n'est-il pas de me compter au nombre de ces laborieux pionniers qui succédant à ceux qui ont ouvert la
large voie de loyauté et d'honneur dans laquelle notre
Ordre a progressé d'âge en âge, la continuent encore et
la conduisent, avec la confiance que donne un labeur vail-
lamment accompli, vers les horizons incertains de l'a-
venir. Ne pourrais-je donc pas dans l'un de ces moments
de repos que prend le plus infatigable travailleur jeter un
coup d'œil en arrière et dans une esquisse rapide vous

retracer les qualités que le siècle dernier exigeait de
celui que décorait le titre d'avocat ; rétablir en un mot
le type idéal, auquel nos anciens aspiraient à parvenir
et auquel ont atteint ceux dont l'histoire nous a transmis
et la glorieuse existence et les savants travaux. En faisant
cette recherche j'aurai, à ce qu'il me semble, relevé le
jalon qui doit aujourd'hui servir encore à diriger la
marche d'un ordre qui tient, avec un légitime orgueil,
à faire revivre au milieu des jeunes générations, nées
avec toutes les généreuses aspirations de l'immortelle
révolution de 1789, les sentiments les plus nobles et les
plus purs de l'ancienne société française.


## I.


Pour accomplir ce pieux dessein, je m'adresserai
d'abord à l'auteur qui, en 1753, écrivait l'histoire abrégée
de l'Ordre des Avocats. Il définit l'avocat : *Un homme de
bien versé dans la Jurisprudence et dans l'art de bien
dire et qui concourt à l'administration de la Justice,
soit en aidant de ses conseils ceux qui ont recours à lui,
soit en défendant en jugement leurs intérêts de vive voix
ou par écrit, soit en décidant lui-même leurs différends
lorsque la connaissance lui en est attribuée.*

Le devoir le plus strict de l'avocat veut qu'il soit
*homme de bien,* c'est-à-dire qu'il fasse profession de la
plus exacte probité, en ayant pour règle de toutes ses
actions l'honneur et la délicatesse de sentiments la plus
exquise.

C'est là la seule et unique vertu de l'avocat ; aussi

pour qu'il puisse exercer utilement le patronage auquel
il se voue, exige-t-elle qu'il acquière et développe des
qualités qui révéleront en quelque sorte à ceux qui l'en-
vironnent la grande et difficile mission qu'il accomplit
dans la société. Ces qualités nous les trouvons énoncées
avec énergie dans les remontrances qu'adressaient, au
siècle dernier, au parlement de Lorraine, ses avocats
généraux (1). « Vous devez, » disait M. Bourcier de Villers,
l'un d'eux, aux avocats de son temps, « avoir trois qua-
» lités ; le zèle, la science et l'éloquence. »


II.


« Votre zèle, » ajoutait-il, « doit être pur, il doit être
» modéré. »

« Il doit être pur par rapport à son objet qui est la
» vérité et la justice ; il doit être modéré par rapport à
» la manière dont il doit être exercé. L'objet de ce zèle
» doit être la vérité et la justice, c'est-à-dire que votre
» zèle ne doit jamais s'employer que pour soutenir les
» causes qui vous paraissent justes. Soutenir une cause
» que vous estimeriez mauvaise, ne serait pas zèle mais
» plutôt perfidie et trahison, puisque ce serait donner
» un mauvais conseil à votre partie, la précipiter dans
» l'abîme des procès et lui faire faire un funeste naufrage

---

(1) Remontrances faites, aux ouvertures de la Saint-Martin de la Cour
souveraine et Barrois, *par les Avocats généraux d'icelle* (*M.M. Bourcier de
Villers, Bourcier d'Autrey et Bourcier de Montureux*), *depuis l'année 1705
jusqu'en l'année* 1717. A Nancy, chez René Charlot et P. Deschamps, sans
date.

» de sa fortune et de ses affaires ; et j'estimerais qu'il en
» serait de même pour ceux qui exigeraient de leurs
» parties des salaires excessifs, et qui regardant leurs
» clients comme l'objet de leur avarice n'auraient pas
» honte de les épuiser par des exactions criminelles,
» pareils à ces sangsues qui ne quittent jamais prise
» qu'après leur réplétion : *Non missura cutem nisi plena*
» *cruoris hirudo.*

» La seconde condition de votre zèle, c'est d'être sage,
» modéré, car ce zèle doit avoir ses bornes et ne doit
» pas aller jusqu'à l'excès ; il doit se renfermer dans une
» défense juste et modérée et qui ne passe pas les
» bornes de la justice et de la bienséance, ce zèle ne
» doit pas être porté si loin qu'il faille entrer dans les
» passions des clients, et en épousant avec chaleur leurs
» inimitiés et leurs colères, vous transformer pour ainsi
» dire en leurs personnes. Le zèle doit être sage et
» exempt de passion, vif sans emportement, agissant
» sans trouble et sans désordre, et s'il se glissait parmi
» les ardeurs de ce zèle un mouvement d'amour-propre
» et un désir immodéré de la victoire, ce serait encore
» un excès blâmable ; car il n'en est pas des victoires du
» Palais comme de celles de la guerre, les premières ne
» doivent être fondées que sur l'équité et la raison, les
» autres peuvent être le prix de la valeur, de la fortune
» et de l'industrie. On peut employer le stratagème et
» l'artifice pour acquérir les dernières, mais la surprise
» est ennemie de celles du barreau. C'est dérober la vic-
» toire que de la surprendre et ternir sa gloire que de
» l'acquérir par artifice. »

C'étaient là les règles et les limites qu'un avocat général du siècle dernier, c'est-à-dire un homme qui n'était alors que l'un des membres les plus éminents de notre Ordre, chargé par le prince de le représenter et de défendre ses intérêts, traçait soit envers la justice, soit envers les clients, au dévouement de ses confrères.

Et ne croyez pas qu'en s'exprimant ainsi il supposât que le barreau auquel il s'adressait avait mis en oubli les vertus dont il demandait l'exercice. Il savait qu'il les possédait, car il savait que le barreau auquel il parlait « avait, » comme il le dit lui-même, « la probité en » recommandation et qu'il cultivait les principes essen- » tiels de la vertu qui font la base de sa profession » comme de toutes les autres. »

Le désintéressement et la générosité furent donc au dernier siècle des qualités du barreau lorrain, comme elles l'étaient de l'Ordre entier des avocats : c'est ce qu'indique d'une manière formelle Henrion de Pensey, alors membre de la société des Philathènes de Metz, et plus tard Premier Président de la Cour de Cassation, lorsqu'en 1769 faisant l'éloge de Dumoulin, il déclare » qu'il croirait faire outrage à l'Ordre entier, s'il se per- » mettait de louer le désintéressement du savant juris- » consulte dont il rappelait la modeste mais glorieuse » existence. »

### III.

La seconde qualité de l'avocat est la science. A quoi ser- virait en effet son zèle, que nous pourrions plutôt appeler

son dévouement, s'il ne pouvait le rendre utile à la justice et à ses clients ; s'il n'avait pas la science qui lui
permit de bien remplir la mission que lui confie la loi.
Pour nos anciens maîtres, l'étude de la loi dans les
universités, les concours, les grades qu'on pouvait acquérir, étaient loin de suffire à l'avocat qui voulait être
digne de ce nom.

« Il ne suffit pas » disait, dans une autre circonstance,
M. Bourcier de Villers, « qu'un avocat soit consommé
» dans la science du droit civil et canon qui est d'une
» étendue si vaste, dans l'intelligence des ordonnances
» et coutumes qui sont d'une variété si grande, il faut
» encore qu'il soit grammairien par le choix des mots et
» des expressions, pour ne point défigurer un plaidoyer
» par des locutions vicieuses et barbares ; qu'il soit his-
» torien pour peindre un fait et remplir les règles d'une
» narration claire, courte et fidèle ; qu'il soit logicien
» pour ne point faire d'arguments vicieux et qui pêchent
» contre les règles de la dialectique. Enfin qu'il soit ora-
» teur pour parvenir au but de l'art qui est la persuasion.
» Il faut aussi qu'il entende le commerce de la vie,
» qu'il sache la nature des conventions ordinaires qui se
» passent parmi les villageois, les artisans, les marchands
» qu'il puisse dresser un contrat de mariage dans les fa-
» milles illustres, un partage important, dresser dans un
» testament une substitution avec les clauses nécessaires,
» il faut qu'il entende la science des notaires pour dres-
» ser toutes sortes de contrats, celle des greffiers pour
» pouvoir rédiger toutes sortes de jugements et d'arrêts,
» celle des huissiers pour revêtir les exploits de criées

» de toutes les formalités essentielles, parce que c'est à
» lui de diriger tous ces officiers quand ils sont obligés
» de le faire par les parties. »

C'était là la science qui au siècle dernier devait être
celle d'un avocat. Que de nuits ne fallait-il pas passer
pour l'acquérir? Que d'auteurs ne fallait-il pas feuilleter
et lire pour se les approprier en quelque sorte? Que
d'affaires ne fallait-il pas avoir conduites pour parvenir
à des connaissances aussi étendues et aussi variées.

Félicitons-nous, mes chers confrères, que nos lois
soient réduites maintenant à une codification simple et
uniforme; que la liberté de la conscience garantie à
chacun ait cessé de confondre les lois de l'Église avec
celles de l'État, que la séparation des pouvoirs publics
ait fixé d'une manière à peu près exacte leurs principales
attributions; nous n'avons plus, grâce à ces conquêtes
de l'esprit moderne, à entreprendre l'étude de ces diverses branches du droit ancien qui réglaient ces rapports
compliqués. Mais n'oublions pas pourtant que si dans
la pratique ordinaire nous n'en rencontrons plus l'application journalière il nous faut cependant ne pas y
rester étrangers; et sans crainte de passer pour rê-
veurs ou pour amateurs des âges passés, tout en nous
rendant familières par la pratique et par l'étude, les
différentes branches du droit que conservent nos codes;
étudions encore le droit ancien et ne préparons pas à
la génération qui nous suivra les déceptions qu'une
ignorance complète ou qu'une indifférence aveugle sur
des intérêts peut-être renaissants pourraient lui causer
un jour.

## IV.

Pour faire valoir cette science, pour la mettre dans tout son jour, c'est à la troisième des qualités que doit posséder l'avocat qu'il doit avoir recours.

L'éloquence lui est nécessaire pour plaider et pour écrire avec succès ; mais c'est surtout dans le plaidoyer que doit briller cette qualité.

Le plaidoyer, vous le savez, mes chers et jeunes confrères, n'a qu'un but, exposer au magistrat le fait de la cause, en lui demandant la juste application du droit au fait bien établi.

Le fait se tire des actions qui se sont passées, des preuves vocales ou littérales, des documents et des écrits. Il doit être exposé avec une parfaite connaissance des pièces du dossier qui l'établissent, exposé dans une narration fidèle, courte et judicieuse; fidèle, c'est-à-dire sans que les faits soient altérés ou déguisés ; courte, c'est-à-dire sans examen des circonstances inutiles ou frivoles; judicieuse, c'est-à-dire en relevant tout ce qui est nécessaire à la décision du juge.

L'application du droit au fait doit se faire à l'aide d'un raisonnement clair et juste, en d'autres termes, il faut que les principes du droit étant bien établis, les conséquences en soient tirées à l'aide d'un raisonnement juste, au moyen d'expressions propres et naturelles qui n'éloignent ni la grâce ni les ornements d'un goût cultivé.

Tels étaient les principes de nos maîtres du siècle dernier; mais si j'en dois croire les recommandations

qui leur sont faites, peut-être les avocats de ce temps
tombaient-ils dans deux écueils qui leur sont souvent
signalés. L'un est l'attaque trop vive, soit contre la partie
adverse, soit contre l'avocat qui la représente, l'autre est
la prolixité.

« Ceux qui par habitude ou par inclination, disait
» M. Bourcier aux avocats lorrains, sont portés à la sa-
» tyre, doivent prendre garde de s'abstenir de toute
» sorte d'injure soit formelle soit figurée : une conduite
» contraire blesse non-seulement les lois de la charité,
» mais encore celles de l'honnêteté et de la politesse. Il
» n'y a rien qui donne une plus mauvaise idée du carac-
» tère d'esprit d'un avocat que quand il se répand en
» injures contre les parties et qu'il emploie soit le poison
» d'une amère raillerie soit le fiel d'une sanglante invec-
» tive. Il a autant de censeurs que d'auditeurs. Mais
» nous excusons certains traits de raillerie fine et déli-
» cate qui sont quelquefois répandus sur la cause par
» un esprit naturellement enjoué, qui servent plus à
» égayer l'esprit qu'à donner un ridicule à la partie
» adverse et qui relèvent son discours de ce sel attique
» qui en fait quelquefois toute la grâce.

» Je dois aussi, ajoutait-il, vous donner un avis très-
» important, c'est d'éviter la prolixité soit en plaidant
» soit en écrivant. Elle provient ou de la répétition de
» ce qu'on a dit ou de l'affectation de revêtir un plai-
» doyer d'ornements inutiles ou de citations hors
» d'œuvre. Rien n'est plus ennuyeux que la répétition.
» Elle dissipe l'attention des juges et des auditeurs, qui
» ne peut s'attacher que par la nouveauté, et elle donne

» contre celui qui parle une idée de négligence ou de ne
» savoir pas sa cause ou de n'avoir pas l'art de diversi-
» fier son raisonnement. Ainsi ne répétez jamais ou
» répétez rarement et avec quelque diversité qui en ôte
» l'ennui. Ceux qui remplissent un plaidoyer par une
» illiade de citations, ou veulent paraître savants, ou se
» fatiguent par un travail souvent inutile et toujours
» ennuyeux.

» Dans les affaires de fait et peu graves évitez les
» citations, contentez-vous d'effleurer les principes et
» d'indiquer les sources; dans les affaires graves, ou s'il
» faut traiter un point de droit, traitez-le fortement et s'il
» est possible en peu de paroles. N'imitez pas la stérile
» fécondité de ceux qui se tuent à entasser une légion
» d'auteurs, une foule de lois et de textes de droit. S'il
» fallait en faire l'application à l'espèce l'on y trouverait
» du manquement. Une loi ou deux citées à propos font
» plus d'impression qu'un amas indigeste d'autorités. »

Ce langage, comme le voyez, est celui d'une personne
habituée aux affaires, à les plaider et à les juger, et les
conseils qu'il renferme complètent le modèle que se formait son esprit d'un avocat parfait.

V.

Devrais-je maintenant, pour ajouter plus de fini à cette
image donner à cet avocat les traits que lui prêtait
M<sup>e</sup> Thibault, avocat en la cour souveraine de Lorraine et

(1) Tableau de l'Avocat par M. TIMOTHÉE-FRANÇOIS THIBAULT, *Avocat en
la Cour souveraine de Lorraine et Barrois, banquier expéditionnaire en celle
de Rome.* Nancy, imprimerie de Pierre Antoine, 1737.

Barrois, dans le tableau qu'il en trace, en disant que l'avocat doit avoir une figure prévenante, une mémoire facile, une prononciation exacte, un son de voix gracieux, un geste libre et naturel. Ce sont, je le crains, des dons que la nature n'accorde pas à tout le monde, dont peuvent profiter ceux qui les possèdent et que peut chercher à acquérir, dans une certaine mesure, chacun de ceux qui en sont privés, soit en veillant sur son maintien, sur sa tenue, soit en prenant une contenance modeste, soit en réprimant des postures bizarres, soit en donnant à son regard une direction naturelle et discrète.

Ne nous arrêtons pas en conséquence à ces avantages tout personnels, qu'une volonté toute spéciale du ciel accorde aux uns et refuse aux autres, et reconnaissons que les avocats généraux de Lorraine étaient bien mieux inspirés quand ils donnaient la patience comme étant une quatrième qualité que doit posséder l'avocat. Mais je ne puis m'expliquer pourquoi ils n'exigeaient cette qualité que dans les rapports de l'avocat avec son client, ne l'indiquant pas comme une qualité essentielle qu'il doit avoir non-seulement dans son cabinet, mais encore à la barre. A la barre ne doit-il pas en effet, y entendre son adversaire sans l'interrompre et sans accompagner sa parole de ris ou de mouvements toujours peu convenables, et ne doit-il pas être à désirer qu'il y subisse les interruptions qui peuvent lui être adressées sans laisser déborder son zèle et sans provoquer ainsi l'abus que le magistrat pourrait faire de son droit.

D'autres auteurs du siècle passé signalent ce champ nouveau où doit se manifester la patience de l'avocat,

M<sup>e</sup> Thibault l'indique dans son tableau de l'avocat et dans une lettre ancienne (1), écrite en 1733, vous pourrez mes jeunes confrères, y trouver une anecdote racontée par Boursault, qui prouve que l'esprit peut parfois venir au secours de la patience.

La patience peut donc et doit s'exercer à la barre, et si MM. les avocats généraux de Lorraine n'ont pas jugé à propos de dire qu'elle dût y être apportée, peut-être voulaient-ils seulement expliquer à la Cour à laquelle ils s'adressaient que des excès de zèle devaient souvent être excusés de la part de l'avocat qui avait non-seulement à soutenir les luttes de l'audience, mais encore la fatigue des soucis et des importunités du client qui l'obsède.

« Rien, disent-ils, n'est plus inquiet qu'un plaideur, et » celui qui souffre le plus de son inquiétude c'est » l'avocat.

» Si la nuit ferme les paupières des autres hommes » pour leur faire goûter les douceurs du sommeil, le » plaideur ne ferme les siennes que pour les rouvrir au » premier accès d'un souvenir fâcheux et importun. Le » sommeil, ce dieu du repos et de la tranquillité, s'en- » fuit de ses yeux accablés de lassitude et ne lui laisse » que la triste consolation de s'entretenir soi-même, et » de repasser toutes les parties de son procès pour y » consommer la meilleure partie de sa subsistance par » les dépenses qu'il veut y faire, qu'il y fera et qui épui-

_______

(1) Voir *Lettres sur la profession d'Avocat*, etc., par M. Camus, 1<sup>e</sup> édition augmentée de pièces intéressantes sur la profession d'avocat, etc., par M. Dupin. Paris, 1818, page 507.

» seront insensiblement le plus liquide et le plus pur de
» son bien.

» Aussi l'aurore n'a point encore dissipé les ombres
» de la nuit que la partie attachée à la porte de son
» avocat vient prévenir son réveil et troubler son repos.

» L'avocat retourne du palais, fatigué par la chaleur
» de la contention et de la lutte, voici son client qui le
» poursuit comme l'ombre fait le corps, ou qui l'attend
» sur le seuil de sa porte pour lui inculquer ses raisons
» et lui répéter ce qu'il lui a dit et redit plusieurs fois.

» Si le hasard fait que l'avocat ait quelqu'entretien
» avec la partie adverse, le client entre d'abord en
» soupçon, se forme des ombrages sur la probité de son
» avocat, et croit que son adversaire tente sa foi et sa
» fidélité.

» Si l'avocat plaide, le client trouve sa parole trop
» modérée, il voudrait qu'elle fût plus caustique, enta-
» mant la réputation de sa partie par des traits piquants
» ou par des invectives étudiées.

» Mais vienne le client à perdre son procès, non-seule-
» ment il ne s'en prend pas à sa cause, mais c'est
» souvent contre son avocat qu'il se refroidit, lui fait un
» court et sobre remerciement, retire ses papiers et se
» propose en secret de ne plus lui confier la défense de
» ses intérêts. »

C'était là le portrait du client tel qu'il était en 1715 ou
1716. A ces traits, mes jeunes confrères, vous le recon-
naîtrez encore aujourd'hui. Quel que soit cependant
l'ennui qu'il vous cause, évitez de le recevoir avec
brusquerie, surtout s'il est indigent, et n'oubliez pas que

pour lui il n'est pas de chagrin plus cuisant que de n'oser produire ses raisons ou d'être certain qu'elles seront mal reçues, et soyez sûrs qu'un avis, quelque favorable qu'il soit, si l'aigreur l'accompagne, ne satisfait jamais le client, et que s'il le condamne, il double toujours la peine.

VI.

Ainsi, vous le voyez, nos anciens ne reconnaissaient à l'avocat qu'une seule vertu : la probité dans son expression la plus absolue ; et pour l'exercer envers les clients qu'il patronnait, il devait la manifester par quatre qualités qu'on pourrait nommer en quelque sorte, ses qualités cardinales, par le dévouement, par la science, par l'éloquence et par la patience.

Vous trouverez dans vos anciens l'exemple de ces quatre qualités, et cet exemple seul, si vous voulez le suivre, suffira pour vous faire acquérir le dévouement et la patience. Ainsi ces deux qualités qui seraient vertus chez d'autres, vous savez qu'elles ont été pratiquées avec une abnégation parfaite par celui de nos confrères dont la carrière bien courte a pris fin, il y a peu de temps, parmi nous. Mᵉ Amyot avait débuté quelques années avant moi au barreau et ses débuts y avaient été rudes et laborieux. Puis pendant un grand nombre d'années, un canton de cet arrondissement avait été confié à sa juridiction bienveillante et éclairée ; et lorsque vaincu par le mal auquel il devait succomber, il avait quitté le siége

qui lui avait été remis il revint dans nos rangs. Ce fut
alors aux indigents qu'il consacra les dernières années de
sa vie.

Pendant deux années vous l'avez vu comme votre représentant présider le Bureau de l'Assistance judiciaire
établi près le Tribunal de Metz. Il remplissait cette mission
toute de patience et de dévouement, quand il rendit à
Dieu une âme que son corps affaibli ne pouvait plus garder. Que ma voix lui porte donc l'expression d'une reconnaissance commune, et que le service qu'il a rendu à
notre Ordre, trouve sa récompense, quelque modeste
qu'elle soit, dans le souvenir confraternel que nous lui
consacrons.

Mais ce que l'exemple seul ne vous donnera pas, c'est
la science et l'éloquence ; un travail soutenu, incessant,
vous fera certainement acquérir la science, il pourra
même vous donner le moyen d'exprimer votre pensée
d'une façon convenable, mais vous ne parviendrez à
l'éloquence que si par un don du ciel elle vous a été dé-
partie. Heureux donc celui dont l'éloquence embellira la
parole, il aura en lui-même un signe en quelque sorte
divin, son nom pourra acquérir la renommée de l'illustre
orateur dont les barreaux de France portent encore le
deuil, et pour la perte duquel la patrie elle-même est
restée émue.

Sans prétendre à d'aussi grandes destinées que chacun
de vous se livre au travail ; les fruits qu'il en retirera
seront sa récompense la plus sûre. Qu'il travaille non-
seulement pour lui-même, mais qu'il s'abandonne à
l'étude dans l'intérêt de l'ordre auquel il appartient ; et,

en employant le langage de l'un de nos anciens, rappelez-
vous toujours que : *Chacun de nous doit s'efforcer de
conserver à notre ordre, pour le rendre à nos successeurs,
le rang et l'honneur que nos ancêtres lui ont acquis par
leurs mérites et par leurs travaux.*

La parole ayant été donnée à M. Louis de Lomas, il a
prononcé l'éloge de François-Michel Durand de Distroff,
ancien avocat au parlement de Metz.

OUVERTURE

DE LA CONFÉRENCE DES AVOCATS A LA COUR IMPÉRIALE DE METZ,

Du 21 Décembre 1868.

# ÉLOGE

DE

# DURAND DE DISTROFF

PAR

M. LOUIS DE LOMAS, AVOCAT.

METZ

TYPOGRAPHIE ET LITHOGRAPHIE DE NOUVIAN.

1869.

# ÉLOGE

DE

# DURAND DE DISTROFF.



Messieurs,

Appelé par la bienveillante désignation du Conseil de l'Ordre à l'honneur de prononcer le discours d'usage, je viens vous entretenir d'un de nos devanciers dont la personnalité s'est trouvée mêlée à quelques-uns des grands événements qui ont marqué dans l'histoire de l'Europe, au milieu du XVIII<sup>e</sup> siècle. Successivement avocat, conseiller au parlement de Metz et diplomate, M. Durand de Distroff, dont je dois vous parler, s'est distingué par ses talents, les nobles qualités de son caractère et un infatigable dévouement aux intérêts du pays.

François-Michel Durand, chevalier, seigneur de Distroff, naquit à Thionville, le 19 mai 1714 (1). Il appar-

(1) Il était fils de François-Benoît Durand de Distroff, conseiller au parlement de Metz, et de Marie-Thérèse de Launoy de Montagny.

tenait à une famille de légistes. Fils, petit-fils et neveu de conseillers au parlement de Metz, il eut l'heureuse fortune de trouver, dès son enfance, autour de lui, des traditions de science et d'amour de l'étude.

Son père l'envoya pour apprendre le droit à l'université de Pont-à-Mousson. Le jeune étudiant y fit des progrès rapides que facilitaient une excellente mémoire, une volonté ferme et une intelligence d'élite.

Ses aptitudes naturelles, fécondées par une instruction solide et par les sages préceptes de son père, ont dû lui assurer, comme avocat, de légitimes succès. Les différents documents que nous avons consultés sont toutefois muets à cet égard. Peut-être, pendant le temps qu'il a appartenu au barreau de Metz, n'a-t-il pas été permis à Durand d'attacher son nom à quelqu'un de ces grands procès dont l'histoire conserve le souvenir ; peut-être a-t-il partagé le sort de tant d'autres hommes distingués, comme les Le Fèvre, les Dilange, les Rulland, qui l'ont précédé dans la carrière et n'ont laissé aucune trace de l'éloquence qu'admiraient leurs contemporains ?

En 1740, Durand succéda à son père dans la charge de conseiller au parlement de Metz, et bientôt, la sagacité de son jugement, la finesse de son esprit, son caractère conciliant, le désignèrent au choix de ses collègues pour représenter la Compagnie, lorsque ses intérêts avaient besoin d'être défendus. Ce n'était point une tâche facile.

Tandis qu'aujourd'hui le magistrat peut, au grand avantage des justiciables, diriger la constante et unique application de son esprit vers l'étude des lois et la re-

cherche de la vérité, les occupations des anciennes
Compagnies judiciaires étaient multiples. Législation par
le droit de réglement, action politique par le droit d'en-
registrement et de remontrance, finances, commerce,
police, rien pour ainsi dire dans l'état n'était étranger
à leurs attributions. Mais aussi que de difficultés ne leur
fallait-il pas surmonter (1). L'histoire du parlement de
Metz est remplie des luttes continuelles qu'il eut à soutenir contre les différents pouvoirs publics représentés
dans les villes de son ressort; et, tandis que maintenant
les arrêts de nos Cours de justice jouissent d'une autorité
incontestée, les parlements étaient souvent obligés de
députer quelques-uns de leurs membres pour soutenir
leurs décisions inexécutées, ou pour revendiquer leurs
droits méconnus. De semblables missions, fort honorables
pour ceux qu'on en chargeait, n'étaient pas toujours sans
danger. Durand put en faire l'expérience, la première
fois que ce mandat lui fut confié par ses collègues (2).

Des lettres patentes, émanées de l'autorité royale,
portaient que ceux qui seraient pourvus d'un canonicat,
dans les églises des Trois-Évêchés de Metz, Toul et
Verdun, viendraient prêter serment de fidélité devant le
parlement de Metz, sous peine de saisie de leur temporel.

Un canonicat de l'église cathédrale de Metz avait été
conféré à un prêtre du nom de Destran, que le parlement
refusa d'admettre au serment prescrit, parce que son

---

(1) *Histoire du Parlement de Metz*, par M. Michel, conseiller à la Cour de
Metz.

(2) Registres secrets du Parlement de Metz. Manuscrit n° 36, à la biblio-
thèque de la ville de Metz.

brevet de nomination ne lui parut pas régulier. Le chapitre de la cathédrale, sans tenir compte de cette décision,
procéda à l'installation du nouveau chanoine. La Compagnie crut alors devoir ordonner la saisie du temporel du
canonicat, mais cet arrêt ne fut point exécuté, grâce
aux influences que fit agir le chapitre. Les différentes
chambres du parlement s'assemblèrent, et il fut décidé
qu'une commission, dont fit partie Durand de Distroff,
serait chargée de porter à la connaissance du roi les do-
léances des magistrats dont on méconnaissait aussi
ouvertement l'autorité.

Louis XV qui, au sein de sa vie déréglée, conservait
une sorte de dévotion extérieure et matérielle, vit, dans
l'exercice d'un droit, une attaque contre le clergé et
donna tort au parlement. Il poussa même la rigueur
jusqu'à envoyer des lettres de cachet à tous les délégués
de la Cour. Durand eut ordre de se rendre à Autun. Son
exil dura plus de trois mois (1).

A l'exemple d'un illustre magistrat qui avait accepté
sans murmure une disgrâce imméritée, Durand, comme
d'Aguesseau, loin de devenir l'ennemi ou l'adversaire du
prince qui l'avait frappé, ne songea qu'à le mieux servir :
c'est ainsi que les âmes élevées se rencontrent dans la
pratique des mêmes sentiments de générosité et de
dévouement.

A peine rappelé de son exil, et avec cette incroyable
activité dont il a fait preuve pendant toute sa vie, Durand
de Distroff se rend à Paris, afin de soutenir près du roi

(1) Registres secrets du Parlement de Metz.

et du garde-des-sceaux un réglement pour le parquet, proposé par le parlement, et auquel les membres du ministère public refusaient de donner leur adhésion. Ses démarches eurent un plein succès, et les registres secrets du parlement font connaître, à cette occasion, que « M. Durand a été remercié par la Compagnie des soins » qu'il s'est donnés pour elle. »

Dès cette époque, le chancelier d'Aguesseau, arrivé presqu'au terme de sa longue et glorieuse carrière, avait apprécié les qualités de l'habile et prudent magistrat. Dans une lettre adressée au premier président, il écrit qu'il sait gré à M. Durand « d'avoir, pendant son séjour » à Paris, travaillé d'office et sans en être chargé, à la » réconciliation de l'évêque avec le parlement de Metz » et d'avoir contribué par ses soins au succès des mesures » prises à ce sujet (1). »

M. Claude de Saint-Simon était alors évêque de Metz, et les douze années déjà écoulées de son épiscopat avaient été marquées par une lutte continuelle avec le parlement. Ce prélat, désireux de recouvrer et même d'augmenter les prérogatives dont jouissaient ses prédécesseurs, au temps de l'indépendance des Trois-Évêchés, avait fait de nombreuses tentatives pour se constituer en quelque sorte prince souverain. Le parlement, dont la création avait eu principalement pour but de rattacher progressivement à la France la province des Trois-Évêchés, était trop jaloux de ses droits et de son autorité pour

(1) Registres secrets du Parlement de Metz.

tolérer aucun empiétement. De là, une guerre intestine
qui éclatait en toute occasion.

Les esprits modérés souffraient de ces rivalités.
Des efforts pour opérer un rapprochement avaient été
vainement faits, à la demande de d'Aguesseau qui ne
cessait d'exhorter la Compagnie « à se réunir à son pas-
» teur, lui marquant la satisfaction qu'en éprouverait le
» roi. »

Durand prit à cœur d'attacher son nom à cette œuvre
de réconciliation. Il sut, à Metz, si habilement s'entre-
mettre, à Paris, si adroitement faire agir les influences
qui pouvaient déterminer soit le parlement, soit l'évêque,
qu'il obtint le résultat le plus complet, et que la Compagnie se décida à rendre visite à M. de Saint-Simon chez
lequel, disent les registres secrets, « aucun de Messieurs
» n'était allé depuis plus de dix ans. »

C'est par ces diverses missions que Durand se formait
à la science difficile de la diplomatie qu'il posséda plus
tard à un degré si éminent : c'est par sa dextérité à ma-
nier les affaires et son dévouement à soutenir les intérêts
qui lui étaient confiés, qu'il posa les premiers jalons de
sa carrière politique et fixa sur lui la faveur du souverain.

La guerre de la succession d'Autriche désolait l'Europe
depuis sept années. La France, engagée sans nécessité
dans cet embrasement général, s'était à la fin trouvée
seule contre tous ; mais elle avait soutenu glorieusement
l'honneur de son drapeau. Les victoires de Raucoux
et de Lawfeld, remportées par le maréchal de Saxe,
la prise par le comte de Lowendalh de l'imprenable

Berg-op-Zoom nous livraient la Hollande et affermissaient nos conquêtes en Belgique. Néanmoins Louis XV, dans l'intérêt de son repos et de ses plaisirs, voulait la paix à tout prix et l'avait proposée sans succès aux alliés, après chaque victoire remportée par ses armées. Enfin, en 1748, l'Angleterre se décida la première à traiter. Des conférences s'ouvrirent à Aix-la-Chapelle. Durand de Distroff fut l'un des diplomates qui y furent envoyés (1). « Souvenez-vous, leur avait dit, au moment du départ, » Madame de Pompadour, de ne pas revenir sans la paix, » le roi la veut. » Pour obéir à des instructions aussi impératives, de celle qui, à ce moment, tenait en ses mains les destinées de la France, et dont malheureusement les volontés étaient des lois, il fallut se résoudre à des sacrifices. On restitua toutes nos conquêtes, mais on eut la paix.

Le traité définitif était à peine signé par toutes les parties belligérantes, que Durand fut chargé d'une mission en Angleterre. « Le séjour que M. Durand a fait à » Aix-la-Chapelle, pendant le temps des conférences, » écrivait le ministre des affaires étrangères au duc de » Bedford, et la preuve qu'il y a donnée de ses talents, » de sa sagesse et de son zèle, ont déterminé le choix » du roi (2). »

(1) A partir de cette époque, les nombreuses missions diplomatiques dont Durand fut chargé ne lui permirent plus d'assister que rarement aux audiences du Parlement de Metz. Il conserva cependant, jusqu'en 1765, sa charge de conseiller qui passa alors à Philippe Goulet de Rugy.

(2) Correspondance diplomatique de Durand. Lettre de créance pour sa mission en Angleterre.

L'Angleterre éprouvait déjà des regrets d'avoir consenti à la paix; l'envie et la cupidité la poussaient à recommencer la guerre. Deux illustres rivaux, William Pitt et lord Holland, père du célèbre Fox, qui balançaient les suffrages du parlement britannique, se rencontraient dans les sentiments d'une même haine contre la France, et exaltaient par leurs discours ardents l'orgueil de leurs concitoyens. Les rapides progrès de notre commerce, l'état prospère de nos colonies et leur extension, sous l'administration de La Bourdonnais et de Dupleix, semblaient au ministère anglais des motifs suffisants pour rompre le traité d'Aix-la-Chapelle : c'est ce courant d'idées que Durand eut ordre de combattre, en même temps qu'il devait renouer entre les deux pays les relations diplomatiques interrompues depuis la dernière guerre (1).

Sa négociation fut heureuse ; la politique de la paix triompha encore pour quelque temps et un échange d'ambassadeurs eut lieu : M. de Mirepoix alla représenter la France à Londres et le duc de Richmont vint à Paris.

Nous ne suivrons pas Durand dans chacune des diverses missions diplomatiques dont il fut successivement chargé ; nous avons hâte d'arriver à l'une des périodes les plus agitées de sa laborieuse carrière, pendant laquelle, en qualité de ministre du roi en Pologne, il seconda avec une fermeté de conviction inébranlable toutes les entreprises qui furent tentées en faveur de

---

(1) Correspondance diplomatique de Durand.

l'indépendance de ce malheureux pays, malgré les varia-
tions de la politique du cabinet français.

Auguste III, électeur de Saxe, était roi de Pologne,
comme il préférait le séjour de la Saxe à tout autre,
M. de Broglie, ambassadeur de France, était obligé de
résider près de lui à Dresde. Louis XV, voulant avoir un
représentant dans la ville même de Varsovie, choisit
Durand pour suppléer l'ambassadeur et dans la suite le
remplacer (1). Cette mission convenait à son caractère
élevé, car il sentait tout ce qu'il y avait de généreux
dans l'œuvre de reconstitution de la Pologne, entreprise
par le comte de Broglie. Soustraire ce pays à la domination de la Russie, lui rendre assez de force et de considération pour résister aux efforts des puissances voisines
conjurées contre lui, dans l'espoir de se partager ses dé-
bris, tel était le plan dont l'exécution était confiée à
Durand. Il ne se dissimulait pas la grandeur de la tâche.
La Pologne, en effet, renfermait en elle-même des germes
de destruction : c'était un état géographiquement mal
fait, sans frontières naturelles et presque sans places
fortes. Une si riche et si facile conquête devait néces-
sairement tenter l'ambition de voisins puissants, impa-
tients d'agrandir leur territoire et déjà fort experts, à
cette époque, dans la politique des annexions. La nature
même du gouvernement était une cause perpétuelle
d'anarchie. Le caractère électif de la royauté occasion-
nait, à la fin de chaque règne, des rivalités qui souvent

(1) *Révolutions de Pologne*, par de Rulhière, édition Ostrowski. — *Correspondance secrète de Louis XV*, par M. Boutaric.

ensanglantaient le pays ; cent mille seigneurs, s'estimant les égaux du roi, formaient le conseil de la nation ; chacun d'entre eux pouvait, en vertu du droit redoutable du *liberum veto,* annuler, par sa seule opposition, une délibération prise par tous les autres, et paralyser ainsi les plus louables résolutions.

On voit par sa correspondance combien Durand redoutait les effets de cette mauvaise constitution : « La Pologne,
» écrivait-il au ministre des affaires étrangères, est une
» mine négligée que quelque politique mettra un jour
» en valeur (1). » Il semblait pressentir, dès son arrivée, les tentatives prochaines de démembrement qui allaient avoir lieu. Il conservait cependant quelque espoir de les rendre vaines. Un siècle auparavant, le roi de Suède, victorieux sous les murs de Varsovie, avait déjà proposé à la Prusse et à l'Autriche de partager avec lui sa nouvelle conquête. La France, par son crédit et par les énergiques résolutions qu'elle inspira aux confédérations polonaises, avait détourné ce malheur (2). Durand était d'autant plus fondé à espérer un semblable succès que Louis XV se montrait plus favorable encore à la cause de la Pologne que ses prédécesseurs. Ayant épousé une princesse polonaise, il avait pris, dès sa jeunesse, un vif intérêt aux affaires de ce pays. L'espoir secret d'y faire élire roi un prince français (3), à la mort d'Auguste III, augmentait pour lui sa prédilection naturelle.

---

(1) Correspondance diplomatique de Durand. Lettre du 5 avril 1760.

(2) *Révolutions de Pologne*, par de Rulhière. T. I, p. 41 et suiv.

(3) Le prince de Conti.

Avant l'arrivée de Durand, M. de Broglie avait organisé un parti plein de confiance dans la protection de la
France, comprenant une foule d'hommes courageux et
de citoyens remarquables par leurs talents et ayant pour
chef le comte Branicki. La cour même avait fini par
adhérer aux vues du ministre français ; aussi, toutes les
faveurs, tous les emplois étaient accordés sur sa recommandation aux seuls partisans de l'indépendance.

Durand ne négligea rien pour augmenter la force et
l'influence de ce parti (1). Il s'attacha par les liens de
l'amitié le comte Branicki, que sa position de Grand-
Général du royaume rendait l'un des personnages les
plus importants du pays, et il eut bientôt gagné l'estime
de la noblesse polonaise. Il sut employer avec intelligence
les subsides de la France et il contribua à organiser une
confédération de l'élite de la nation qui, pourvue d'armes
et de munitions, était, au moindre signal, prête à s'unir
et à secouer le joug de la Russie.

Il ne s'était pas contenté de favoriser un soulèvement
à l'intérieur, il avait encore assuré à la cause qu'il défen-
dait une importante alliance. Par ses entretiens avec
l'ambassadeur turc, à Varsovie, et en combinant ses
efforts avec ceux de M. de Vergennes, ambassadeur de
France, à Constantinople, il décida la Turquie à faire
cause commune avec les patriotes polonais. On pouvait
compter, en outre, sur le concours de tous les mé-
contents de la nation cosaque, soulevés par quelques

_______________

(1) Correspondance diplomatique de Durand.

anciens compagnons de Mazeppa, ce malheureux chef
des révoltés de l'Ukraine, et on n'était pas sans espoir
d'armer les Hongrois pour neutraliser, s'il le fallait,
l'action de l'Autriche.

Il semblait qu'avec tous ces moyens réunis l'œuvre
commencée par le comte de Broglie, continuée par
Durand, allait être couronnée de succès, que la Pologne
était à la veille de recouvrer son indépendance et qu'avec
une nouvelle constitution, une ère de prospérité s'ou-
vrirait pour elle, lorsqu'un changement dans la politique
générale de l'Europe vint anéantir toutes les espérances.

L'or des ministres anglais, l'habileté de Marie-Thérèse
et de son ambassadeur, M. de Kaunitz, la faiblesse de
Louis XV et les intrigues de M<sup>me</sup> de Pompadour opérèrent
un revirement complet dans les alliances des principales
nations. La France cessa de regarder les Russes comme
des ennemis, elle abandonna une politique deux fois
séculaire pour devenir l'alliée de l'Autriche, tandis que
la Prusse s'unissait contre elle avec l'Angleterre.

La guerre de sept ans commença. Les états hérédi-
taires d'Auguste III de Saxe, roi de Pologne, furent le
théâtre des premiers combats. Soixante mille Prussiens
les envahirent. Aussitôt la Russie annonça l'intention
de les en chasser et mit en campagne une nombreuse
armée. Durand comprit que c'en était fait du parti de
l'indépendance, si ces troupes pénétraient en Pologne,
et sa correspondance, à cette époque, témoigne de tous
les efforts qu'il fit pour les empêcher d'y entrer. Il était
persuadé que les Russes ne se contenteraient pas, pour
se rendre en Saxe, de traverser la Pologne, mais qu'ils

y resteraient, et que leur occupation ne serait qu'une conquête déguisée.

Ces tristes prévisions ne tardèrent pas à se réaliser : cent mille Russes livrèrent plusieurs batailles au roi de Prusse, sans amener la délivrance de la Saxe. Prenant alors prétexte de ce que le but de la guerre n'était pas atteint pour rester en Pologne, et se trouvant sans argent et dépourvus de tout, ils y vécurent de pillage, comme en pays conquis. Les Polonais opprimés demandèrent des secours, leurs députés protestèrent contre les envahissements de la Russie ; mais à quoi servent les notes diplomatiques, quand la force ne les appuie pas ? Ils ne furent entendus nulle part. La France elle-même resta sourde à leur appel et cessa dès lors de leur venir en aide, résolution funeste pour elle, car, en abandonnant leur cause, elle laissait échapper de ses mains la balance qu'elle tenait dans les pays du nord et dans les états de l'Allemagne.

Toutefois, si le gouvernement français renonçait à soutenir les Polonais, le roi personnellement leur continuait sa protection. Pour expliquer cette double politique et montrer à quel point la mission confiée à Durand devint délicate, il est nécessaire de dire quelques mots d'une institution peu connue du règne de Louis XV (1). On considère ce prince comme ayant toujours fui les affaires sérieuses et ne s'étant jamais préoccupé que de

---

(1) *Correspondance secrète de Louis XV*, par M. Boutaric. — Mémoires de l'abbé Georgel. — *Politique de tous les cabinets de l'Europe pendant les règnes de Louis XV et de Louis XVI*, par M. de Ségur.

ses plaisirs. On ignore généralement qu'il avait des idées politiques arrêtées, et qu'il en poursuivait l'exécution avec une certaine tenacité ; mais comme la faiblesse de son caractère et une longue habitude de la dissipation lui faisaient subir la domination de son entourage, il n'osait ostensiblement s'occuper des affaires de l'État. Abandonnant donc à d'autres la direction des divers ministères, il avait organisé une sorte de ministère secret, à la tête duquel il plaça successivement le prince de Conti et le comte de Broglie, et qui était le centre d'une correspondance active et étendue. Au milieu d'une cour curieuse et indiscrète, cette correspondance ne fut, pendant plus de vingt ans, connue que du petit nombre de ceux qui furent admis à y participer.

Les correspondants étaient choisis en grande partie dans le corps diplomatique ; c'étaient tantôt les ambassadeurs, tantôt leurs secrétaires, lorsqu'eux-mêmes ne paraissaient pas dignes de cette haute marque de confiance (1). Ils écrivaient au roi par l'intermédiaire du ministre secret, lui rendaient compte de leurs travaux et recevaient de lui des instructions, à l'insu du ministre des affaires étrangères. Par suite, les correspondants se trouvaient souvent en présence d'ordres contradictoires. Le choix de leur conduite était alors laissé à la sagacité de leur esprit.

Durand prit part à la correspondance secrète, pendant

______

(1) Les principaux personnages admis à la correspondance secrète, outre ceux que nous avons déjà indiqués, étaient : le comte de Vergennes, le baron de Breteuil, le chevalier d'Eon, le général Monnet, Tercier, etc.

toute la durée de son séjour en Pologne, et sut toujours agir à la plus grande satisfaction du roi, malgré les difficultés de sa position. Ainsi, tandis qu'il recevait du ministère l'ordre « de réconcilier toutes les haines, » d'apaiser tous les murmures, et de faire concourir » tous les Polonais aux vues de la Russie et aux seuls » intérêts de leur roi, » Louis XV continuait à lui envoyer des fonds pour soutenir les patriotes dans l'espoir de recouvrer leur indépendance. Durand ne cessa de les seconder, autant que le lui permettaient les faibles secours dont il disposait. Mais, après six années de travaux, il eut la douleur de voir l'édifice qu'il avait avec tant de peine contribué à élever, tout prêt à s'écrouler, et, lorsqu'on le rappela à Paris, il partit avec le sentiment de la fin prochaine du royaume de Pologne.

Si l'on était tenté de lui adresser un reproche pour avoir accepté la double mission dont il s'était chargé, nous répondrions que, vivant sous le régime d'une royauté absolue, il ne croyait pas se rendre coupable envers son pays, en exécutant les ordres directs du roi de qui il tenait son mandat, et qui était à ses yeux l'unique personnification des pouvoirs publics.

Pour le récompenser de ses services, Louis XV le nomma garde du dépôt des affaires étrangères, charge importante, qui mettait à la disposition de celui qui en était revêtu tous les documents diplomatiques du royaume, et dont Durand profita pour réaliser un projet qu'il méditait depuis longtemps. Témoin de tous les désastres que nous avaient causés les anglais, pendant les dernières guerres, et profondément dévoué à son pays, il songeait à le venger un jour des nombreuses humiliations qu'il avait subies. Dans ce dessein, il s'était procuré, pendant le cours de ses dernières missions, tous les renseignements qui pouvaient l'éclairer sur la situation de l'Angleterre et sur les moyens les plus propres à lui porter un coup décisif. Sa nouvelle position au ministère des affaires étrangères lui permit d'approfondir davantage cette question, et il trouva dans le déplorable traité de Paris, qui termina la guerre de sept ans, l'occasion de soumettre au roi le projet qu'il avait conçu. Avec la franchise dont il ne craignit jamais d'user à l'égard du pouvoir, il blâma hautement les conditions au prix desquelles on avait acheté la paix. En agissant ainsi, il n'était pas mu par un sentiment de récrimination indigne de son caractère et inutile en présence des faits accomplis ; s'il déplorait l'abaissement de sa patrie, c'était pour faire accepter avec plus de faveur les moyens qu'il convenait, suivant lui, de prendre, en temps opportun, pour obtenir une éclatante revanche. Louis XV chercha d'abord à excuser sa politique. On lit dans sa correspondance secrète de cette époque : « Durand témoigne un » peu trop que la paix que nous venons de faire n'est » pas bonne ny glorieuse, personne ne le sent mieux » que moy..... si nous avions continué la guerre, nous » en aurions fait encore une pire l'année prochaine (1). »

Mais le roi comprit bientôt que si Durand touchait du doigt la blessure, c'était pour y apporter un plus sûr

(1) Louis XV à Tercier, 26 février 1763. *Correspondance secrète de Louis XV*, par M. Boutaric.

remède, et il lui écrivit : « M. Durand, le comte de
» Broglie m'ayant rendu compte de l'idée que vous lui
» avez fait naître sur les moyens les plus propres à em-
» ploier, pour s'opposer à l'ambition et à l'arrogance de
» la nation anglaise, j'ay approuvé les plans qu'il m'a
» proposés à cet égard...... (1). »

Ce projet devint bientôt une des préoccupations de
Louis XV ; il en parle souvent dans sa correspondance
secrète. Il y attache une telle importance qu'il redouble
encore le mystère dont il aime à s'entourer, quand il
traite des affaires de l'État. Il veut que tous ceux qui,
avec lui, s'occupent de cet objet emploient un langage
allégorique et soient désignés sous un nom d'emprunt ;
c'est ainsi que lui-même se fait appeler *l'Avocat*, que
Durand devient le *Président,* M. de Broglie, le *Substitut* (2).

Une descente en Angleterre, opérée avec le concours
des forces de la France et de l'Espagne, formait la base
du projet de Durand pour s'opposer, selon l'expression
de Louis XV, à l'ambition et à l'arrogance de la nation
anglaise. L'Angleterre, dit-il, en exposant son système,
a été souvent conquise par des étrangers. Si les citoyens
de Londres, que la guerre enrichit et qui la désirent,
voyaient encore de près les horreurs qu'elle entraîne
après elle, si la France s'appliquait à faire tomber ses

(1) Louis XV à Durand, 26 juin 1763. *Correspondance secrète de Louis XV,*
par M. Boutaric.

(2) Tercier était désigné sous le nom de *Procureur,* le chevalier d'Eon sous
celui de *la Tête de Dragon ;* on appelait le duc de Choiseul *le Lion rouge,* le
comte de Guerchy, ambassadeur en Angleterre, *le Bélier* ou *le Mouton cornu.*
*Correspondance secrète de Louis XV,* par M. Boutaric. T. I. p. 115.

coups sur la fortune même des particuliers, dans un gouvernement où leurs plaintes ont tant d'influence, on mettrait bientôt aux abois ce peuple commerçant.

En même temps qu'une armée débarquerait sur les côtes de la Grande-Bretagne, les escadres combinées de la France et de l'Espagne ménageraient dans les colonies une utile diversion ; telle est la seconde partie du plan de Durand.

Les Anglais, d'après lui, n'ignorent pas que leur marine est nécessaire à la défense de leur île et qu'ils ne sauraient, sans le plus grand danger, la divertir de cet objet. La France et l'Espagne, qui ne sont pas assujetties à une loi si dure, ne peuvent donc que gagner à agir offensivement dans les colonies pour forcer l'Angleterre à éloigner de la métropole une partie de ses escadres et l'attaquer ensuite avec succès dans les parties qui lui donnent la vie (1).

Un projet de descente en Angleterre, Messieurs, ce problème si profondément médité par un grand homme, au commencement de ce siècle, et qui a failli recevoir une solution dans la célèbre entreprise du camp de Boulogne, avait alors tout l'attrait de la nouveauté, et l'on comprend que Louis XV, nourrissant contre les Anglais une violente haine, l'ait accueilli avec une faveur marquée.

Il envoya Durand, comme son représentant à Londres,

_________

(1) Correspondance diplomatique de Durand. Lettres de 1766 et notamment celles des 20 et 24 août.— Thomas Jefferson, *étude historique sur la démocratie américaine,* par M. Cornelis de Witt. P. 58 et suiv.

pour le mettre en situation de poursuivre plus facilement l'étude de son projet, et chargea un officier actif et intelligent, M. de la Rozière, de reconnaître les côtes de France et d'Angleterre, de chaque côté du détroit qui les sépare, et d'en lever des plans.détaillés (1).

Dans son nouveau poste, Durand s'appliqua surtout à rechercher le parti que l'on pourrait tirer de l'agitation croissante qui régnait dans les colonies anglaises d'Amérique.

L'œuvre de l'indépendance des Etats-Unis s'élaborait. Durand ne se méprit point sur la portée des symptômes qui se manifestaient de toute part. « Ces colonies, » écrivait-il, le 3 août 1766, sentent leur force. Elles » sont trop opulentes pour persévérer dans l'obéis- » sance... L'Angleterre doit s'attendre à une révolution. »

Il y avait un certain mérite à prévoir alors ce qui devait avoir lieu dix ans plus tard, par la déclaration d'indépendance des États-Unis ; car les hommes les plus influents de ce pays, espéraient tous, à ce moment, que,

----

(1) Peu de temps auparavant, Durand avait été chargé d'une courte mission qu'il avait conduite à bonne fin. Il s'agissait d'un incident, qui fit beaucoup de bruit, la querelle du comte de Guerchy, ambassadeur de France en Angleterre, avec un secrétaire de l'ambassade française, le chevalier d'Eon. Ce personnage énigmatique et passionné, qui, précédemment, avait été attaché, en qualité de *lectrice*, à la maison de l'Impératrice Élisabeth de Russie, inspirait à Louis XV de grandes inquiétudes, parce que, dépositaire de secrets d'État importants, il menaçait de les dévoiler, si le roi ne lui donnait pas raison contre l'ambassadeur. Durand, qui exerçait un grand ascendant sur l'impétueux chevalier, passa en Angleterre et calma d'Eon, qui fut depuis un serviteur dévoué. *Correspondance secrète de Louis XV*, par M. Boutaric.

moyennant quelques concessions libérales de la mère
patrie, la séparation n'aurait pas lieu. L'un des plus
illustres, Franklin, était encore tout dévoué à l'Angleterre, et l'on ne pouvait guère supposer, d'après la
lettre suivante qu'il adressait à son fils, que, quelques
années plus tard, il viendrait à Paris solliciter les secours
de la France, en faveur de ses concitoyens. « M. Durand,
» écrit Franklin dans cette lettre, est très-curieux de
» connaître les affaires d'Amérique. Il prétend avoir
» pour moi une grande estime. Il a exprimé le désir de
» posséder tous mes écrits politiques,.... il est très-ques-
» tionneur..... Je me figure que cette nation intrigante
» voudrait se mêler de nos affaires et souffler le feu
» entre la Grande-Bretagne et ses colonies, mais j'espère
» que nous ne lui en donnerons pas l'occasion (1). »

C'était, en effet, le plus grand désir de Durand, car il
pensait que, tandis que l'Angleterre serait obligée d'employer une partie de ses forces à faire respecter son
autorité en Amérique, la France trouverait un moment
opportun pour opérer un débarquement sur ses côtes.

Il ne lui fut pas donné de voir s'accomplir l'événement
qu'il attendait. Lorsque l'indépendance des États-Unis
fut proclamée, lorsque la France, entraînée par les discours de Franklin, allia sa cause à celle des Américains
et déclara la guerre à l'Angleterre, les ministres de
Louis XVI examinèrent le projet de descente et, tout en

_______

(1) Lettre de Franklin à William Franklin. Londres 28 août 1767. Thomas
Jefferson, *Étude historique sur la démocratie américaine*, par M. Cornelis
de Witt. p. 64.

l'approuvant, n'osèrent le mettre à exécution. Les plans
levés par M. de la Rozière et les documents qui les
accompagnaient retournèrent au dépôt des affaires étrangères, où ils sont encore aujourd'hui (1).

Ce projet, Messieurs, si les circonstances ne permirent
pas de l'exécuter, eut au moins l'avantage de donner au
ministère des notions fort utiles sur l'Angleterre et ses
colonies ; il fournit à Durand l'occasion de faire connaître
la situation de l'Amérique, et contribua à le placer très-
haut dans l'estime du roi et des hommes d'état de son
temps.

Quelques mois après son retour d'Angleterre, il fut
nommé ministre plénipotentiaire à Vienne. La mission
qu'il eut tout d'abord à remplir, en cette qualité, est une
nouvelle preuve de la confiance qu'inspiraient au roi sa
discrétion et la sûreté de son jugement. Louis XV, alors
âgé de 60 ans, ayant conçu le projet bizarre d'épouser
l'archiduchesse Élisabeth d'Autriche, sœur de la dau-
phine Marie-Antoinette, le chargea d'étudier, pendant
son séjour à Vienne, et de lui faire connaître le caractère
et les goûts de cette princesse (2). Cette négociation
n'eut pas de suite, peut-être à cause des renseignements
fournis par Durand, ou, ce qui est plus vraisemblable,
parce que l'influence toute puissante de Madame Dubarry
eut facilement raison de cette velléité matrimoniale.

Durand ne venait pas seulement représenter la France

(1) *Correspondance secrète de Louis XV*, par M. Boutaric. T. I. p. 114.

(2) Lettre de Louis XV au comte de Broglie, 6 juin 1770.

Lettre de Durand à Louis XV, juin 1770.

en Autriche, ses instructions lui prescrivaient encore de tenter un dernier effort en faveur de la cause qu'il avait déjà soutenue. « La confiance et la considération qu'il » s'était acquises en Pologne, lui écrivait le ministre, le » rendaient plus propre que personne à cet emploi dé- » licat. »

Dès son arrivée à Vienne, il eut la direction de toutes les affaires des Confédérations polonaises, et c'est à lui que durent s'adresser les chefs et les particuliers, lorsqu'ils avaient des avis à demander ou des propositions à faire. On lui adjoignit, pour le seconder, un officier célèbre, à divers titres, le capitaine Dumouriez (1).

Durand ne négligea rien pour assurer le succès de sa double mission. Tandis qu'en Pologne, une armée de dix mille hommes, placée sous les ordres de Dumouriez, se formait par ses soins, tandis que la résistance s'organisait de toute part et que l'Autriche semblait y donner les mains, il arrivait à pénétrer le mystère de la politique de M. de Kaunitz, découvrait l'accord existant entre les cours de Vienne et de Berlin, et dévoilait le secret de leur liaison, en vue du démembrement de la Pologne.

Cette grande iniquité du dix-huitième siècle était à la veille de s'accomplir ; le traité, conclu entre les trois puissances co-partageantes, déjà connu de l'Europe, excitait l'indignation de tous les cœurs généreux, lorsque Durand reçut l'ordre de se rendre en Russie, près de l'Impératrice Catherine II.

(1) Correspondance diplomatique de Durand.

Il ressentit une impression pénible, en arrivant dans
une cour dont il réprouvait les coupables manœuvres à
l'égard de la nation polonaise, et surtout, en se voyant
forcé d'assister au triomphe d'une politique qu'il avait
toujours combattue ; mais il était, avant tout, l'homme du
devoir. Sa connaissance approfondie des affaires des pays
du Nord l'avait désigné au choix du roi ; il comprit qu'il
pourrait rendre d'utiles services à son gouvernement, et
il n'hésita pas à faire le sacrifice de ses goûts personnels.

Dans un mémoire, écrit vers la fin de l'année 1773,
Durand résume l'ensemble de ses observations sur la
Russie pendant les deux premières années de son séjour.
Avec quelle netteté et quelle précision il peint les per-
sonnages qui l'entourent, il apprécie les événements
auxquels il assiste, il en prévoit les conséquences.

« Il ne faudrait pas s'étonner, dit-il en commençant, de
» voir l'Impératrice songer à ressusciter l'empire des
» Grecs en Orient. » C'est vers ce but que tendent tous
les actes de cette princesse. Comme le flot de la marée
montante ne recule que pour revenir plus puissant et
s'avancer plus loin sur la plage, ainsi sa politique ne
semble abandonner ses projets d'envahissements que
pour se préparer les moyens d'en étendre les limites.
L'indomptable volonté et le génie de Pierre I$^{er}$ ont tiré
la Russie de l'obscurité dans laquelle elle était plongée
pour la placer au rang des grandes puissances de l'Europe, l'ambition de Catherine II est de surpasser Pierre-
le-Grand. Elle fait la guerre aux Turcs pour s'emparer
de leur capitale. Souveraine de Saint-Pétersbourg et de
Constantinople, qui pourrait lui résister ?

Mais, d'après Durand, elle a commis une double faute,
en s'engageant dans les affaires de Pologne, faute aux
yeux de la morale, car elle manque aux déclarations so-
lennelles qu'elle avait faites de ne souffrir, en aucun cas,
le démembrement de ce royaume, faute politique, parce
que, si elle augmente de quelques provinces son territoire déjà immense, elle est obligée de laisser un voisin
dangereux agrandir le sien d'une façon bien plus profi-
table. Non seulement, en effet, la Prusse s'accroît d'une
portion de la Pologne, mais, avantage inappréciable pour
elle, elle réunit ses deux parties, jusque-là séparées,
l'ancien duché de Prusse et l'électorat de Brandebourg ;
sa monarchie va devenir un corps solide et compact qui
menacera également la Russie et l'Allemagne.

Telle est à grands traits l'opinion de Durand sur la politique extérieure de l'Impératrice. Nous voyons aujour-
d'hui, par les faits accomplis au-delà du Rhin, ce que
ses prévisions avaient de fondé, en ce qui concerne l'Allemagne.

Parlant de la personne de Catherine II, il décrit son
caractère altier et vaniteux, tout en reconnaissant les
grandes qualités qui la distinguent. Elle confie aux frères
Orloff l'administration des affaires de l'empire, mais sait
fixer sur elle l'attention du peuple par l'éclat de ses entreprises. Adroite autant que dissimulée, elle cherche à
faire oublier son origine étrangère; elle se conforme aux
usages des Russes, est fidèle aux pratiques de leur reli-
gion et n'a pour eux que du mépris. Elle écrit à Voltaire,
« qu'elle s'est amusée à mettre en action les ridicules de
» la nation russe et à représenter une maîtresse qui bat

» ses valets à outrance , des gens fastueux sans moyens,
» des esprits légers et superficiels. On voit par là, dit
» Durand, le goût pour le bel esprit et la manière de
» penser de l'Impératrice sur la nation qu'elle régit (1). »

Ces fragments, que le cadre restreint dans lequel nous
devons nous renfermer ne nous permet pas de donner
plus nombreux, suffisent pour faire voir combien les
mémoires de Durand sur la Russie présentent d'aperçus
variés, de détails intéressants.

Au moment où il les rédigeait, il sentait déjà les at-
teintes du mal auquel il devait succomber, et, quelques
temps après, il demandait son rappel en France, non à
cause des souffrances qu'il endurait, mais parce qu'il
craignait de ne plus pouvoir assez bien remplir son mandat. « Je suis obligé de faire l'aveu, écrit-il, que je
» ne suis plus l'homme qu'il faut pour l'ambassade de
» Russie (2). »

La mort de Louis XV et les embarras qui accompagnaient les commencements du nouveau règne, ne
permettaient pas de remplacer, sans inconvénient, le
représentant de la France dans une cour aussi importante que celle de Catherine II. A peine Durand en est-il
informé que, dans une lettre admirable de dévouement
et d'abnégation, il fait connaître au ministre qu'il re-
nonce à partir : « Je sacrifierais sans regret, dit-il, ce

----

(1) A la demande de Voltaire, l'Impératrice ordonna que sa comédie fut
traduite littéralement en français, pour lui être envoyée. — Correspondance
diplomatique de Durand.

(2) Lettre de Durand au ministre des affaires étrangères. — Saint-Pétersbourg. 14 octobre 1774.

» qui me reste de vie, s'il s'agissait de le perdre avec
» fruit et avec gloire ; si je ne puis même à ce prix offrir
» au roi et à la postérité quelque service mémorable,
» j'aurai du moins fort à cœur de ne laisser aucun doute
» sur mon zèle et sur ma reconnaissance (1). » De tels
sentiments, Messieurs, sont un titre d'honneur pour
celui qui les a exprimés, et il nous semble que toutes les
sympathies doivent être acquises à l'homme qui est prêt
à faire à son pays le sacrifice de sa vie, non pour obtenir
de la gloire, mais pour donner une preuve suprême de
son dévouement à la chose publique.

Louis XVI ne voulut pas qu'une mort prématurée le
privât d'un serviteur si dévoué ; dès que les circonstances
en fournirent le moyen, il le rappela et lui écrivit qu'il
ne croyait pouvoir lui donner un témoignage plus honorable de satisfaction, qu'en le fixant pour toujours dans
son conseil. Durand ne profita guère de cette nouvelle
distinction qui couronnait si dignement sa carrière.

, Il mourut au Ban Saint-Martin, près de Metz, le 5 août
1778, et la foi du chrétien adoucit ses derniers moments (2).

Dans le cours de cette existence agitée et passée presque toute entière dans les pays étrangers, au milieu de
la société brillante et souvent frivole des diplomates du
dernier siècle, Durand est resté fidèle aux habitudes de

(1) Lettre de Durand au ministre des affaires étrangères, Moscou 24 juin
1775.

(2) La famille est aujourd'hui représentée par ses petits-neveux, MM. Durand de Lançon et Louis Durand, et par ses arrière-petits-neveux, MM. Be-
noît, Tony, Philippe Durand et M. Anatole Durand de Distroff.

travail qu'il avait contractées à l'école du parlement de
Metz. Dans les moments que lui laissaient les affaires pu-
bliques, l'étude approfondie de l'histoire était son plus
cher délassement. Les notes manuscrites dans lesquelles
il a consigné ses observations sur les événements qui se
sont succédé, depuis l'origine de la monarchie en France
jusqu'à l'époque du règne de Louis XV, fourniraient ma-
tière à de nombreux volumes (1). Il pensait que l'histoire est surtout la science de l'homme d'État et du diplomate, parce qu'elle leur fait connaître à quels principes,
en quelque sorte immuables et certains, tient la destinée
des peuples, les mêmes passions, les mêmes vertus, les
mêmes vices ayant presque toujours produit les mêmes
effets. « Le diplomate, dit-il, doit étudier l'histoire, parce
» qu'elle est la mère de la politique, cette espèce de mo-
» rale d'un genre particulier et supérieur, à laquelle les
» principes de la morale ordinaire ne peuvent quelque-
» fois s'accommoder qu'avec beaucoup de finesse, et qui,
» pénétrant dans les ressorts principaux des gouverne-
» ments, démêle ce qui peut les conserver, les affaiblir
» ou les détruire. »

Durand avait su profiter des utiles enseignements que
l'étude des temps passés offre à ceux qui s'y attachent,
et sa parfaite connaissance de l'histoire n'a sans doute pas
peu contribué à lui donner de bonne heure cette réputation d'homme prudent et expérimenté qui faisait rechercher ses conseils dans les circonstances difficiles.

Non content de travailler lui-même, il se plaisait à

(1) Papiers de la famille Durand.

encourager le travail chez les autres en protégeant les savants malheureux, en favorisant la publication des ouvrages utiles (1).

On recherchait sa conversation agréable et instructive par le grand nombre d'hommes qu'il avait connus et de peuples qu'il avait visités.

Les hautes positions qu'il a successivement occupées, les distinctions honorifiques dont il était revêtu, n'avaient en rien altéré la simplicité de ses manières. Accessible à tous, chaque fois qu'il revenait dans sa terre de Distroff, c'était pour s'enquérir des infortunes à soulager, des misères à secourir, répandant ses bienfaits d'une main d'autant plus généreuse que, le célibat ayant eu ses préférences, il pouvait plus librement disposer de sa fortune. On le vit plusieurs fois, pendant des années de disette, après avoir épuisé tous ses revenus à nourrir les pauvres, se défaire, pour subvenir à leurs besoins, des riches présents qu'il devait à la faveur royale et à l'estime des souverains près desquels il avait vécu (2).

Sa charité inépuisable n'avait pas seulement sa source dans l'amour de l'humanité, mais encore dans les sentiments religieux, traditionnels dans sa famille, et que l'esprit sceptique du temps n'avait point affaiblis en lui.

Tel fut Durand de Distroff.

(1) Introduction d'un ouvrage intitulé : *Alteste Jahrbucher der russsiche geschichte* (vieilles chroniques de l'histoire de Russie), par Jean-Bénédict Schérer, professeur à Strasbourg. Publié à Leipsig, en 1774.

(2) *Temple des Messins.* Poëme, en vers latins, par dom Bernardin Pierron, bénédictin, professeur d'humanités au collége de Metz, publié en 1779.

Sa vie, partagée entre la carrière du barreau et celles
de la magistrature et de la diplomatie, a été remplie par
un double sentiment qu'on ne peut trop honorer, l'amour
du bien public et l'amour du devoir. Elle mérite, à ce
titre, d'être offerte en exemple, à côté de celle des hommes éminents que ce pays a produits, et qui, sortis de
l'ordre des avocats, sont parvenus aux plus hautes di-
gnités par leurs talents et leurs vertus.

9 782012 975354